PUBLICATION DES LOIS ET DÉCRETS

Régime des Boissons

& DES SPIRITUEUX

LOI

du 29 décembre 1900

LOI

du 6 août 1905

RELATIVE A LA RÉPRESSION DE LA FRAUDE SUR LES VINS
ET AU RÉGIME DES SPIRITUEUX

Complétée

des Lois visées par la présente

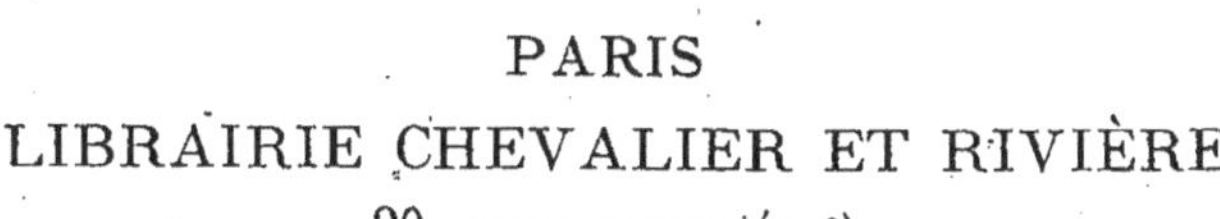

PARIS

LIBRAIRIE CHEVALIER ET RIVIÈRE

30, RUE JACOB (VIe)

—

1906

PUBLICATION DES LOIS ET DÉCRETS

Régime des Boissons

& DES SPIRITUEUX

*

LOI

du 29 décembre 1900

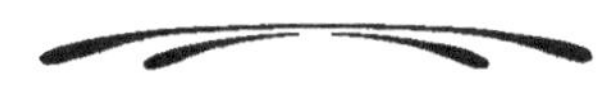

LOI

du 6 août 1905

RELATIVE A LA RÉPRESSION DE LA FRAUDE SUR LES VINS
ET AU RÉGIME DES SPIRITUEUX

Complétée

des Lois visées par la présente

PARIS

LIBRAIRIE CHEVALIER ET RIVIÈRE

30, RUE JACOB (VIe)

—

1906

LOI

DU 29 DÉCEMBRE 1900

concernant le Régime des Boissons

Le Sénat et la Chambre des députés ont adopté,

Le président de la République promulgue la loi dont la teneur suit :

Article premier. — Les droits de détail, d'entrée et de taxe unique actuellement perçus sur les vins, cidres, poirés et hydromels sont supprimés.

Le droit de fabrication sur les bières est abaissé à vingt-cinq centimes (0 fr. 25) par degré-hectolitre.

Les vins, cidres, poirés et hydromels restent, quelle que soit la quantité, soumis au droit général de circulation, dont le taux, décimes compris, est fixé uniformément à un franc cinquante centimes (1 fr. 50) par hectolitre pour les vins et à quatre-vingts centimes (0 fr. 80) par hectolitre pour les cidres, poirés et hydromels. Ce droit s'étend aux quantités expédiées aux débitants.

Les vendanges fraîches circulant hors de l'arrondissement de récolte et des cantons limitrophes, en quantités supérieures à dix hectolitres, sont soumises aux mêmes formalités à la circulation que les vins et passibles du même droit, à raison de 2 hectolitres de vin par 3 hectolitres de vendange.

Le droit de consommation sur les eaux-de-vie, esprits, liqueurs, fruits à l'eau-de-vie, absinthes et autres liquides alcooliques non dénommés est fixé à deux cent vingt francs (220 fr.) par hectolitre d'alcool pur, décimes compris.

Les licences des débitants et marchands en gros de boissons, des brasseurs, des bouilleurs et distillateurs sont réglées conformément au tarif ci-après :

CATÉGORIES D'ASSUJETTIS	DROIT DE LICENCE, PAR TRIMESTRE, EXIGIBLE DANS LES COMMUNES DE								
	Toutes catégories	500 habitants et au-dessous	501 à 1,000 habitants	1,001 à 4,000 habitants	4,001 à 10,000 habitants	10,001 à 20,000 habitants	20,001 à 50,000 habitants	50,001 à 100,000 habitants	100,001 habitants et au-dessus
1° Débitants, lorsqu'ils sont rangés. pour l'application des droits de patente .									
Dans le tableau A. — 7e et 8e classes.....	»	5 00	6 00	7 50	11 25	15 00	18 75	21 25	25 C0
Dans le tableau A. — 6e classe	»	5 50	7 0u	8 75	12 50	17 50	21 25	26 25	31 25
Dans le tableau A. — 5e classe	»	6 25	8 00	10 00	15 00	20 00	25 00	30 00	37 50
Dans le tableau A. — 4e classe	»	11 25	15 00	17 50	26 25	35 00	43 75	52 50	65 00
Dans le tableau A. — 1re, 2e et 3e classes.	»	18 73	25 00	30 00	45 00	60 00	75 00	90 00	112 50
Dans un autre tableau	112 50	»	»	»	»	»	»	»	» .
2° Marchands en gros.............	50 00	Lorsqu'ils ne vendent pas annuellement plus de 190 hectolitres d'alcool. ou plus de 1,000 hectolitres de vin, ou plus de 2,0C0 hectolitres de cidre ou poiré.							
	75 00	Lorsqu'ils vendent annuellement de 101 à 250 hectolitres d'alcool, ou de 1.001 à 2,500 hectolitres de vin, ou de 2,001 à 5,000 hectolitres de cidre ou poiré.							
	125 00	Lorsqu'ils vendent annuellement plus de 250 hectolitres d'alcool. ou plus de 2,500 hectolitres de vin, ou plus de 5,000 hectolitres de cidre ou poiré.							
3° Brasseurs....................	37 50	Lorsqu'ils ne brassent pas plus de douze fois par an.							
	62 50	Lorsqu'ils ne brassent pas plus de cinquante fois par an.							
	125 00	Lorsqu'ils brassent plus de cinquante fois par an.							
4° Bouilleurs et distillateurs	10 00	Lorsqu'ils ne fabriquent pas plus de 50 hectolitres par an.							
	15 00	Lorsqu'ils fabriquent de 51 à 150 hectolitres par an.							
	30 00	Lorsqu'ils fabriquent plus de 150 hectolitres par an.							

Le commerçant de boissons qui exerçant plusieurs professions dans son établissement, est assujetti au droit fixe de patente pour une profession qui ne comporte pas la vente de boissons, doit la licence de la classe qui correspond à la patente dont il serait redevable pour son commerce de boissons, s'il n'exerçait que cette seule profession.

Les propriétaires vendant exclusivement les boissons de leur cru, et les autres commerçants de boissons qui ne seraient pas passibles de la patente sont, pour l'application de la licence, classés par assimilation d'après la nature de leurs opérations.

Dans les cas prévus aux deux paragraphes qui précèdent, les réclamations auxquelles donnerait lieu le classement de la profession soumise à la licence seront présentées, instruites et jugées comme en matière de contributions directes.

Dans les communes de plus de 4,000 habitants, les débitants établis hors de l'agglomération seront imposés au tarif applicable à la population non agglomérée.

Les débitants extraordinaires ou forains payeront le droit applicable aux communes de 500 habitants et au-dessous.

A Paris, à défant de déclaration par le contribuable, l'administration, sans être tenue de recourir aux poursuites correctionnelles prévues par l'article 171 de la loi du 28 avril 1816, aura la faculté d'imposer d'office la licence à toute personne inscrite au rôle des patentes pour une profession impliquant le commerce des boissons. Dans ce cas, l'imposition aura lieu au moyen de l'émission d'un rôle rendu exécutoire par le préfet, et les contestations seront présentées, instruites et jugées comme en matière de contributions directes ; elles seront recevables pendant trois mois à partir du jour du payement du premier terme de la licence de l'année.

Les maxima des licences municipales instituées par la loi du 29 décembre 1897 et le décret du 16 juin 1898 continueront d'être calculés d'après les tarifs en vigueur avant la promulgation de la présente loi.

ART. 2. — Les vins, cidres, poirés et hydromels continuent à circuler sous acquit lorsqu'ils sont à destination de personnes jouissant du crédit des droits, et, en outre, dans les agglomérations de moins de 4.000 habitants quand ils sont à destination des débitants ; les droits garantis par les acquits en cas de non-décharge sont réduits au double de la taxe de circulation.

Pour les transports de vin, cidre, poirés, effectués de leur pressoir ou d'un pressoir public à leurs caves et celliers, ou de l'une à l'autre de leurs caves, dans le canton de récolte et les communes limitrophes de ce canton, les récoltants sont admis à détacher eux-mêmes d'un registre à souche, mis à leur disposition et contrôlé par les agents de la régie, des laissez-passer dont le coût est de dix centimes (0 fr. 10) ; les petites quantités transportées à bras ou à dos d'homme circuleront librement.

En dehors des cas prévus aux paragraphes précédents, les vins, cidres, poirés et hydromels ne pourront circuler qu'accompagnés d'un congé constatant le payement du droit.

Art. 3. — Pour les spiritueux, l'obligation de l'acquit-à-caution est étendue à tous les transports à destination des villes d'une population agglomérée de 4.000 habitants et au-dessus, et des localités où il existe des taxes d'octroi sur l'alcool.

Les acquits-à-caution accompagnant des spiritueux pourront être recommandés moyennant le payement d'un droit supplémentaire de cinquante centimes (0 fr. 50) par expédition. Dans ce cas, la responsabilité du soumissionnaire ne demeurera engagée que pendant un délai de quarante jours après l'expiration du délai fixé pour le transport.

Art. 4. — Les droits de circulation et de consommation sur les boissons expédiées sous acquit aux débitants, et le droit de consommation sur les spiritueux expédiés aux consommateurs dans les conditions prévues à l'article précédent, doivent être acquittés, savoir :

Dans les localités ayant une population agglomérée de 4.000 habitants et au-dessus, ou pourvues d'un octroi au moment de l'introduction ;

Partout ailleurs, dans les quinze jours qui suivront l'expiration du délai fixé pour le transport.

Pour les débitants qui vendent accidentellement des boissons les jours de fête ou de foire, les droits sont exigibles immédiatement.

Art. 5. — L'exercice des débits de boissons est supprimé.

Dans les communes où il n'existe pas de surveillance effective et permanente aux entrées, toute personne qui vend en détail des boissons reste seulement assujettie, dans ses caves, magasins et autres locaux affectés au commerce, aux visites des employés de la régie qui pourront effectuer les vérifications et prélèvements nécessaires pour l'application des lois concernant les fraudes commerciales et les fraudes fiscales.

Art. 6. — Dans les mêmes communes il est tenu, pour les débitants, le même compte de spiritueux que pour les marchands en gros ; les décharges sont établies d'après les enlèvements effectués en vertu d'expéditions et les manquants reconnus lors des vérifications ; les excédents sont saisissables dans les mêmes conditions.

Art. 7. — Lors des recensements effectués chez les marchands en gros, les quantités de vin, cidres, poirés et hydromels reconnues manquantes en sus de la déduction légale seront frappées du droit de circulation et, s'il y a lieu, des taxes d'octroi.

Tout excédent de boissons et spiritueux constaté à

la balance finale du compte donne lieu à un procès-verbal.

Art. 8. — Tout propriétaire récoltant qui désire vendre au détail les boissons provenant de sa récolte est tenu d'en faire préalablement la déclaration au bureau de la régie, d'acquitter la licence de débitant et les taxes générales et locales sur les boissons destinées à la vente, et de se soumettre à toutes les obligations des débitants.

Toute personne autre qu'un propriétaire récoltant qui, en vue de la vente en gros ou en détail, fabrique des vins, cidres, poirés ou hydromels, est tenue d'en faire préalablement la déclaration au bureau de la régie et d'acquitter la licence de marchand en gros ou de débitant. Elle doit, de plus, acquitter les droits immédiatement après chaque fabrication, si la boisson est destinée à la vente au détail.

Les vendanges expédiées en vue de ces fabrications pourront être reçues sous acquit-à-caution.

Art. 9. — Les boissons autres que les spiritueux introduites sous acquit-à-caution ou fabriquées dans les distilleries y seront prises en charge, comme matières premières, à la fois pour leur volume et pour la quantité d'alcool pur qu'elles renferment.

Nul ne peut, en vue de la distillation, préparer des macérations de grains, de matières farineuses ou amylacées, ou mettre en fermentation des matières sucrées, ni procéder à aucune opération chimique ayant pour conséquence directe ou indirecte une production d'alcool, sans en avoir préalablement fait la déclaration au bureau de la régie.

Des décrets en forme de règlements d'administration publique détermineront, suivant la nature des industries, le délai dans lequel cette déclaration devra être effectuée.

Les bouilleurs de cru qui distillent exclusivement les produits désignés par la loi du 14 décembre 1875 continuent à être affranchis de la déclaration de leur fabrication, sauf les exceptions prévues à l'article 10 ci-après.

Art. 10. — Sont soumis aux régimes des bouilleurs de profession les bouilleurs de cru (1) qui, dans le rayon déterminé par l'article 20 du décret du 17 mars 1852, exercent par eux-mêmes ou par l'intermédiaire d'associés la profession de débitant ou de marchand en gros de boissons.

Sont également soumis au régime des bouilleurs de profession les bouilleurs de cru qui font usage d'appareils à marche continue pouvant distiller par vingt-quatre heures plus de deux cents litres (200 l.) de liquide fermenté, d'appareils chauffés à la vapeur ou d'alambics ordinaires d'une contenance totale supérieure à cinq hectolitres (5 h.). Il leur est toutefois accordé une allocation en franchise de vingt litres (20 l.) d'alcool pur par producteur et par an pour consommation de famille.

Par dérogation au paragraphe précédent, les alambics ambulants peuvent avoir une contenance de plus de cinq hectolitres (5 h.) sans que les producteurs qui en font usage perdent le privilège des bouilleurs de cru.

Les bouilleurs de cru, convaincus d'avoir enlevé ou laissé enlever de chez eux des spiritueux sans expédition ou avec une expédition inapplicable, indépendamment des peines principales dont ils sont passibles, perdront leur privilège et deviendront soumis aux régimes des bouilleurs de profession pour

---

1. — Voir *Législation sur les Bouilleurs de cru* (brochure in-8, prix 0 fr. 50 à notre librairie).

toute la durée de la campagne en cours et de la campagne suivante.

ART. 11. — Tout loueur d'alambic ambulant est tenu, indépendamment des obligations qui lui sont imposées par le règlement du 15 avril 1881, de consigner sur un cahier journal, dont la remise lui sera faite par la régie, le jour, l'heure et le lieu où commence et s'achève chacune de ses distillations, les quantités et espèces de matières mises en œuvre par lui et leurs produits à la fin de chaque journée. Ce carnet doit être représenté à toute réquisition des employés.

En cas de non-accomplissement des dispositions qui précèdent, le permis de circulation cessera de produire ses effets, et le loueur ne pourra en obtenir un nouveau avant un délai de six mois, et d'un an en cas de récidive.

ART. 12. — Tout détenteur d'appareils ou de portions d'appareils propres à la distillation d'eaux-de-vie ou d'esprits est tenu, dans le mois qui suivra la promulgation de la présente loi, de faire au bureau de la régie une déclaration énonçant le nombre, la nature et la capacité de ces appareils ou portions d'appareil.

Seront dispensées de cette déclaration les personnes qui auront une licence de bouilleur ou distillateur.

Tout fabricant ou marchand d'appareils propres à la distillation d'eaux-de-vie ou d'esprits est tenu d'inscrire à un registre spécial, dont la présentation pourra être exigée par les employés des contributions indirectes, les nom et demeure des personnes auxauxquelles il aura livré, à quelque titre que ce soit, des appareils ou portions d'appareil. Il devra, de plus, dans les quinze jours de la vente, faire connaître au bureau de la régie de sa résidence le nom et le domicile des personnes à qui ces livraisons ont été faites. Cette dernière disposition est applicable aux cessions faites accidentellement par des particuliers non commerçants.

Les appareils seront poinçonnés par les employés des contributions indirectes, moyennant un droit de un franc (1 fr.) perçu immédiatement.

Art. 13. — Le Gouvernement interdira par décrets la fabrication, la circulation et la vente de toute essence reconnue dangereuse et déclarée telle par l'Académie de médecine.

Art. 14. — Les contraventions aux prescriptions des articles 5, 6, 7 et 8 de la présente loi sont punies des peines édictées par l'article 1er de la loi du 28 février 1872, lorsqu'elles ont pour objet des spiritueux, et par l'article 7 de la loi du 21 juin 1873 lorsqu'elles concernent des vins, cidres, poirés et hydromels.

Les contraventions aux articles 9, 10, 11 et 12 sont punies d'une amende de cinq cents à cinq mille francs (500 à 5,000 fr.), indépendamment de la confiscation des appareils et boissons saisis et du remboursement des droits fraudés.

En cas de récidive, l'amende sera doublée.

Les mêmes peines seront applicables à toute personne convaincue d'avoir facilité la fraude ou procuré sciemment les moyens de la commettre.

Les dispositions des articles 222, 223, 224 et 225 de la loi du 28 avril 1816, relatives à l'arrestation et à la détention des contrevenants, sont applicables à toute personne qui aura été surprise fabriquant de l'alcool en fraude et à tout individu transportant de l'alcool sans expédition ou avec une expédition altérée ou obtenue frauduleusement.

Dans tous les cas, l'article 463 du Code pénal pourra être appliqué en faveur des délinquants dans les conditions prévues par l'article 19 de la loi du 29 mars 1897.

Art. 15. — La taxe de dénaturation de trois francs (3 fr.) par hectolitre d'alcool pur établie par la loi du 16 décembre 1897 est supprimée. Elle est remplacée par un droit de statistique de vingt-cinq centimes (0 fr. 25).

Art. 16. — Le bénéfice du droit réduit de vingt-quatre francs (24 fr.) par cent kilogrammes (100 kil.), déterminé par la loi du 27 mai 1887, sera limité aux quantités de sucres bruts ou raffinés employés au sucrage des vins, cidres ou poirés nécessaires à la consommation familiale des producteurs, et jusqu'à concurrence d'un maximum de quarante kilogrammes (40 kil.) par membre de la famille et domestique attaché à la personne.

Art. 17. — Dès la mise en vigueur de la présente loi, les commerçants et dépositaires d'alcools établis en tous lieux, Paris compris, seront tenus de déclarer au bureau de la régie les quantités d'alcool existant en leur possession.

Ces quantités seront ensuite reprises par voie d'inventaire ; les assujettis qui auront chez eux de l'alcool dont les droits ne seront pas acquittés pourront les régler sur la base des nouveaux tarifs au moyen d'obligations cautionnées de un à trois mois de terme ; les non-entrepositaires pourront également être admis à présenter, pour l'acquittement des taxes complémentaires résultant de l'application des nouveaux tarifs, des obligations dûment cautionnées, lorsque la somme à payer, d'après chaque décompte, s'élèvera à trois cents francs (300 fr.) au moins. Les obligations seront souscrites dans les conditions déterminées par la loi du 15 février 1875.

Toute quantité qui n'aura pas été déclarée donnera

lieu, en sus, au payement d'une amende égale au double des taxes exigibles.

En ce qui concerne les vins, cidres, poirés et hydromels, chez tous les débitants, les droits afférents aux quantités constatées en reste seront immédiatement exigibles, les abonnements étant pour les abonnés résiliés de plein droit à la date de la mise en vigueur de la loi.

Art. 18. — Sont maintenues toutes les dispositions des lois en vigueur qui ne sont pas contraires à celles de la présente loi.

La présente loi, délibérée et adoptée par le Sénat et par la Chambre des députés, sera exécutée comme loi de l'Etat.

Fait à Paris, le 29 Décembre 1900.

Signé : EMILE LOUBET.

Le Ministre des Finances,
Signé : J. CAILLAUX.

LOI

DU 6 AOUT 1905

relative à la répression de la Fraude sur les Vins et au régime des Spiritueux

---

Le Sénat et la Chambre des députés ont adopté,
Le Président de la République promulgue la loi dont la teneur suit :

Article premier. — L'emploi du sucre prévu par l'article 7 de la loi du 28 janvier 1903 (1) ne pourra avoir lieu que durant la période des vendanges.

Dans chaque département, le préfet, par arrêté, déterminera ladite période, après avis du conseil général.

Art. 2. — Le troisième paragraphe de l'article 7 de la loi du 28 janvier 1903 (2) est modifié ainsi qu'il suit :

---

1. — *Loi du 28 janvier 1903.* — Art. 7. — Quiconque voudra ajouter du sucre à la vendange est tenu d'en faire la déclaration trois jours au moins à l'avance, à la recette buraliste des contributions indirectes. La quantité de sucre ajoutée ne pourra être supérieure à dix kilogrammes (10 k.) par trois hectolitres (3 h.) de vendanges.

Quiconque voudra se livrer à la fabrication de vin de sucre pour sa consommation familiale est tenu d'en faire la déclaration dans le même délai. La quantité de sucre employée ne pourra être supérieure à quarante kilogrammes (40 k.) par membre de famille et par domestique attaché à la personne, ni à quarante kilogrammes (40 k.) par trois hectolitres (3 h.) de vendanges récoltées.

2. — Paragraphe abrogé. — *Toute personne qui, en même temps*

« Toute personne qui, en même temps que des vins destinés à la vente, des vendanges, moûts, lies ou marcs de raisin, désire avoir en sa possession une quantité de sucre supérieure à 50 kilogrammes (50 k.) est tenue d'en faire préalablement la déclaration et de fournir des justifications d'emploi. »

Art. 3. — Les dispositions de l'article 2 ne sont pas applicables aux détaillants qui, en même temps que des vins destinés à la vente, n'ont pas en leur possession des vendanges, moûts, lies, marcs de raisin, ferments ou levure.

Tout envoi de sucres ou glucoses fait par quantités de cinquante kilogrammes (50 k.) au moins, à une personne n'en faisant pas le commerce ou n'exerçant pas une industrie qui en comporte l'emploi, sera accompagné d'un acquit-à-caution qui sera remis à la régie par le destinataire, dans les quarante-huit heures suivant l'expiration du délai de transport.

Tout détenteur d'une quantité de sucre ou de glucose supérieure à deux cents kilogrammes (200 k.), et dont le commerce ou l'industrie n'implique pas la

---

que des vendanges, moûts ou marcs de raisins, désire avoir en sa possession une quantité de sucre supérieure à cinquante kilogrammes (50 k.), est tenue d'en faire préalablement la déclaration et de fournir des justifications d'emploi.

Le service des contributions indirectes est chargé de contrôler l'exactitude des déclarations faites en exécution des dispositions ci-dessus.

Des règlements d'administration publique détermineront les conditions d'application du présent article.

Les contraventions aux dispositions qui précèdent et aux règlements qui seront rendus pour leur exécution sont punies des peines édictées par l'article 4 de la loi du 6 avril 1897. Ces peines sont doublées dans le cas de fabrication, de circulation ou de détention de vins de sucre en vue de la vente. S'il y a récidive, les contrevenants encourent, indépendamment de l'amende, une peine d'emprisonnement de six jours à six mois.

Les mêmes peines sont applicables aux complices des contrevenants.

possession de sucre ou de glucose, est tenu d'en faire une déclaration à la régie et de se soumettre aux visites des employés des contributions indirectes.

Art. 4. — Tout négociant qui aura été convaincu d'avoir, en violation des dispositions de l'article précédent, livré sans acquit-à-caution du sucre par quantité supérieure à cinquante kilogrammes (50 k.) sera assujetti, pendant la campagne en cours et la campagne suivante, à tenir un compte d'entrées et de sorties des sucres bruts et à se soumettre aux vérifications de la régie.

Art. 5. — Les contraventions aux dispositions qui précèdent, ainsi qu'à celles de l'article 7 de la loi du 28 janvier 1903 et du règlement d'administration publique rendu pour son exécution entraîneront, indépendamment des pénalités prévues aux sixième et septième paragraphes dudit article, la confiscation des sucres et des glucoses saisis..

Art. 6. — Dans chaque commune, les noms des producteurs qui se seront livrés à l'opération du sucrage en première cuvée seront relevés sur un registre spécial à la recette buraliste.

Les eaux-de-vie et alcools que ces producteurs fabriqueront avec leur vin ne pourront obtenir la délivrance de l'acquit blanc portant certificat d'origine.

La délivrance aux bouilleurs de profession de l'acquit blanc, portant certificat d'origine pour les eaux-de-vie et alcools de vin, sera subordonnée à la justification que les producteurs des vins qu'ils mettent en œuvre ne sont livrés à aucune opération de sucrage en première cuvée.

Cette justification sera fournie sous la forme d'attestation délivrée par le service des contributions indirectes du lieu de production en même temps que le titre de mouvement qui devra accompagner le vin. Ces attestations seront représentées par le bouilleur en même temps que les acquits-à-caution ayant servi à légitimer le transport.

Art. 7. — Les vins de marcs, les vins de sucre et autres vins artificiels, saisis chez le producteur de ces vins ou chez le négociant, devront être transformés en alcool après paiement de leur valeur ou être détruits. En attendant la solution du litige, le prévenu sera tenu de conserver gratuitement les marchandises intactes, sous peine de payer une amende complémentaire égale au double du droit de consommation sur l'alcool contenu dans les liquides détournés.

Art. 8. — Tout expéditeur de marcs de raisin et de lies sèches sera tenu de se munir à la recette buraliste la plus proche d'un passavant de dix centimes (0 fr. 10 c.) indiquant le poids expédié et l'adresse du destinataire.

Art. 9. — A partir du 1er janvier 1906, toute personne exerçant dans Paris la vente de vins en gros sera tenue de placer dans les entrepôts publics les boissons destinées à ce commerce.

Toutefois, les commerçants actuellement pourvus d'une licence de marchand en gros dans Paris et qui, dans le délai de quinze jours à partir de la promulgation de la présente loi, justifieront, par la production d'actes réguliers, de la possession d'installations affectées à ce commerce, seront admis, jusqu'à l'expiration des baux en cours et au plus tard jusqu'au 1er janvier 1916, à continuer dans ces locaux leurs opérations. Dans ce cas, ils seront tenus de souffrir les visites et exercices des employés des contributions indirectes qui tiendront le compte des boissons en leur possession et procéderont à toutes les vérifications qu'ils jugeront nécessaires. Les introductions de boissons seront justifiées par la représentation de titres de mouvement ; les enlèvements devront être précédés d'une déclaration faite une heure au moins à l'avance au bureau de la régie et donneront lieu à la délivrance d'un titre de mouvement que le transporteur sera tenu de représenter aux employés à la sortie de l'établissement. Tout excédent constaté aux charges du compte sera saisi par procès-verbal et soumis aux droits. Les frais nécessités par la surveillance de ces magasins seront remboursés mensuellement à l'État au moyen d'une redevance de deux centimes (0 f. 02 c.) par hectolitre de vin expédié.

Sera assimilé aux marchands de vins en gros celui qui, d'un magasin central, alimentera plusieurs maisons de détail lui appartenant ou non.

Celui qui tiendra en même temps un commerce de détail et un magasin central ne sera assujetti que pour ce dernier aux prescriptions de la loi.

Les infractions aux prescriptions du présent article seront constatées par les employés des contributions indirectes et de l'octroi, ainsi que par tous agents autorisés par la loi à dresser des procès-verbaux en matière de contributions indirectes. Elles donneront lieu à l'application des peines édictées par l'article 1er de la loi du 28 février 1872.

Seront soumis aux visites et exercices indiqués au paragraphe 2 les locaux et magasins de transit des commissionnaires de roulage et entrepreneurs de transports établis dans l'intérieur de Paris.

Art. 10. — Les receveurs buralistes des contributions indirectes sont tenus de délivrer sur papier libre aux personnes qui en font la demande des extraits de leurs registres concernant les déclarations dans lesquelles ces personnes sont nominativement désignées.

Il leur sera payé vingt-cinq centimes (0 fr. 25 c.) par

chaque extrait, et, en cas de recherche, cinquante centimes (0 fr. 50 c.) pour chaque année indiquée.

Les congés ou acquits ne peuvent être pris qu'à la recette buraliste du lieu d'enlèvement, sauf exceptions autorisées par l'administration.

L'article 2 de la loi du 18 juillet 1904 (1) est étendu à toutes les expéditions de vin par acquit-à-caution, quelle que soit la quantité.

ART. 11. — L'article 3 de la loi du 18 juillet 1904 (1) est modifié ainsi qu'il suit :

« Est interdite dans la ville de Paris toute préparation de liquides fermentés autres que les bières.

« En conséquence, l'introduction des raisins de vendange dans la ville de Paris est prohibée. Les raisins frais de table expédiés en grande vitesse restent assimilés aux fruits et seront exempts à ce titre de tout droit d'octroi.

« Les contraventions aux dispositions du présent article sont punies des peines édictées par l'article 1ᵉʳ de la loi du 28 février 1872. »

ART. 12. — L'article 1ᵉʳ de la loi du 18 juillet 1904 (1) est ainsi modifié :

« Les dispositions du premier paragraphe de l'ar-

---

1. — *Loi du 18 juillet 1904, tendant à réprimer les fraudes commerciales sur les vins.* — ARTICLE PREMIER. — Les dispositions du premier paragraphe de l'article 8 de la loi du 16 décembre 1897 sont étendues aux chargements de vins de plus de 20 hectolitres (20 h.).

ART. 2. — L'article 6 de la loi du 28 avril 1816 est complété ainsi qu'il suit :

« Pour les enlèvements de vins de plus de vingt hectolitres (20 h.), lorsque la déclaratiou n'est pas faite par le détenteur actuel des boissons, elle doit être accompagnée d'une attestation de ce dernier confirmant la réalité de l'opération.

« L'auteur d'une attestation reconnue fausse ou inexacte et celui qui en aura sciemment fait usage seront punis des peines prévues à l'article 4 de la loi du 6 avril 1897. »

ART. 3. — Est interdite dans la ville de Paris toute préparation de

ticle 8 de la loi du 16 décembre 1897 (1) sont étendus aux chargements de vins de plus de dix hectolitres (10 h.). »

Le dernier paragraphe de l'article 3 de la loi du 6 avril 1897 (2) est remplacé par les dispositions suivantes :

« La circulation des boissons de marcs, dites piquettes, provenant de l'épuisement des marcs par

---

liquides fermentés autres que les bières et les cidres provenant exclusivement de la mise en œuvre de pommes ou poires fraîches.

Les contraventions aux dispositions du présent article sont punies des peines édictées par l'article 1ᵉʳ de la loi du 28 février 1872.

La présente loi, délibérée et adoptée par le Sénat et par la Chambre des députés, sera exécutée comme loi de l'Etat.

1. — *Loi du 16 décembre 1897.* — ART. 8. — Lorsque le chargement dépassera l'hectolitre en alcool pur pour les spiritueux, la régie exigera que l'acquit-à-caution délivré pour accompagner le chargement soit visé en cours de transport à un ou plusieurs bureaux des contributions indirectes, des douanes ou de l'octroi. Le défaut d'accomplissement de cette obligation entraînera la non-décharge de l'acquit-à-caution.

La déclaration d'enlèvement devra être faite au moins deux heures à l'avance et le service pourra apposer une vignette ou un scellement qui, sous les peines portées à l'article 1ᵉʳ de la loi du 28 février 1872, devra être présenté intact à l'arrivée.

Seront punies des mêmes peines toute déclaration d'enlèvement faite sous un nom supposé ou sous le nom d'un tiers sans son consentement, toute déclaration ayant pour but de simuler un enlèvement non effectivement réalisé.

2. — *Loi du 6 avril 1897* (**Fabrication, circulation et vente des vins artificiels**). — ARTICLE PREMIER. — La fabrication industrielle, la circulation et la vente des vins de raisins secs ou autres vins artificiels, à l'exception des vins de liqueurs et mousseux et des vins de marc et de sucre régis par l'article 3, sont exclues du régime fiscal des vins et soumises aux droits et régime de l'alcool pour leur richesse alcoolique totale acquise ou en puissance.

ART. 2. — Les raisins secs à boisson ne pourront circuler qu'en vertu d'acquits-à-caution garantissant le payement du droit général de consommation à raison de 30 litres (30 l.) d'alcool par cent kilogrammes (100 k.) s'ils sont à destination des fabricants, et le payement des droits de circulation à raison de six francs (6 fr.) par cent

l'eau, sans addition d'alcool, de sucre ou de matières sucrées, est interdite. »

Art. 13. — Est exceptée des dispositions du dernier paragraphe de l'article précédent la circulation des piquettes quand elle n'a pas lieu en vue de la vente.

Art. 14. — L'article 237 de la loi du 28 avril 1816 (1)

---

kilogrammes (100 k.) s'ils sont à destination des particuliers pour leur consommation de famille.

Art. 3. — La fabrication et la circulation en vue de la vente des vins de marc et des vins de sucre sont interdites.

Cette interdiction est applicable aux cidres et poirés produits autrement que par la fermentation des pommes et poires fraîches, avec ou sans sucrage.

La détention, à un titre quelconque, de ces vins, cidres et poirés est interdite à tout négociant, entrepositaire ou débitant de liquide.

Les boissons de cidre d'un degré alcoolique inférieur à trois degrés ne seront pas comprises dans cette interdiction.

La détention visée par le paragraphe 3 du présent article n'est pas interdite lorsqu'elle n'a pas lieu en vue de la vente.

La circulation des boissons de marc, dites piquettes, provenant de l'épuisement des marcs par l'eau, sans addition d'alcool, de sucre ou de matières sucrées, est autorisée si ces boissons sont à destination de particuliers pour consommation familiale ; elles ne seront soumises qu'à un droit de circulation d'un franc (1 fr.) par hectolitre.

Art. 4. — Sont punies des peines portées à l'article 1er de la loi du 28 février 1872 :

1° Toute infraction aux dispositions des articles 1, 2 et 3 de la présente loi ;

2° Toute déclaration d'enlèvement de boissons faite sous un nom supposé, ou sous le nom d'un tiers sans son consentement, et toute déclaration ayant pour but de simuler un enlèvement de boissons non effectivement réalisé.

Art. 5. — Les dispositions de l'article 463 du Code pénal sont applicables aux infractions à la présente loi.

Art. 6. — La présente loi est applicable en Algérie et dans les colonies. Elle entrera en vigueur à partir du 15 août prochain.

1. — *Loi du 28 avril 1816.* — Art. 237. — En cas de soupçon de fraude à l'égard des particuliers non sujets à l'exercice, les employés pourront faire des visites dans l'intérieur de leurs habitations, en se faisant assister du juge de paix, du maire, de son adjoint ou du commissaire de police, lesquels seront tenus de déférer à la réquisition

cesse d'être applicable aux visites des employés de la régie dans l'intérieur des locaux servant exclusivement à l'habitation des particuliers non sujets à l'exercice.

Toute visite dans les locaux d'habitation devra être préalablement autorisée par une ordonnance du président du tribunal civil de l'arrondissement ou du juge de paix du canton.

Art. 15. — L'article 237 de la loi du 28 avril 1816 est complété ainsi qu'il suit :

« L'ordre de visite prévu au paragraphe 1er est obligatoire pour tous les employés ; il devra, à peine de nullité, indiquer sommairement les motifs sur lesquels la régie base son soupçon de fraude.

« Une dénonciation anonyme ne saurait servir de base à un soupçon de fraude.

« L'ordre de visite devra être, avant toute visite, visé par l'officier de police judiciaire qui accompagnera les agents ; il devra, en outre, avant toute perquisition, être lu à l'intéressé ou à son représentant, qui sera invité à le viser. En cas de refus, par l'intéressé ou son représentant, de viser l'ordre de visite, il sera passé outre, mais mention du refus sera faite au procès-verbal.

« Sur la demande de l'intéressé ou de son représentant, copie de l'ordre de visite lui sera remise dans les trois jours.

« Les commissaires de police spéciaux ne pourront

---

qui leur en sera faite, et qui sera transcrite en tête du procès-verbal. Ces visites ne pourront avoir lieu que d'après l'ordre d'un employé supérieur, du grade de contrôleur au moins, qui rendra compte des motifs au directeur du département.

Les marchandises transportées en fraude qui, au moment d'être saisies, seraient introduites dans une habitation pour les soustraire aux employés, pourront y être suivies par eux, sans qu'ils soient tenus, dans ce cas, d'observer les formalités ci-dessus prescrites.

en aucun cas assister les employés dans les visites prévues au présent article.

« Les commissaires de police ordinaires ne pourront exercer leurs fonctions que dans leur canton ou dans les cantons de leur arrondissement où il n'existe pas d'autres commissaires de police. »

Art. 16. — Après les visites domiciliaires effectuées dans les conditions prévues par l'article 237 de la loi du 28 avril 1816 (1), les agents de la régie devront remettre en état les locaux visités.

L'officier de police judiciaire consignera les protestations qui viendraient à se produire dans un acte motivé dont copie sera remise à l'intéressé.

Art. 17. — Les procès-verbaux dressés par la régie devront, à peine de nullité, être exclusivement rédigés par les agents qui ont pris une part personnelle et directe à la constatation du fait qui constitue la contravention.

Ils devront énoncer la cause exacte de la saisie, c'est-à-dire la nature précise de la contravention constatée et les articles de loi qui la définissent et ceux qui la punissent.

Art. 18. — Aucun indicateur ne pourra prétendre une remise ou une rémunération quelconque s'il n'est justifié par écrit que les renseignements qu'il a fournis l'ont été avant le procès-verbal.

Art. 19. — Les peines de l'article 373 du Code pénal (2), seront applicables à tout individu convaincu d'avoir, verbalement ou par écrit, dénoncé à tort et

---

1. — Voir page 21.

2. — C. P., art. 373. — Quiconque aura fait par écrit une dénonciation calomnieuse contre un ou plusieurs individus, aux officiers de justice ou de police administrative ou judiciaire, sera puni d'un emprisonnement d'un mois à un an, et d'une amende de cent francs à trois mille francs.

de mauvaise foi de prétendues contraventions aux lois fiscales.

Art. 20. — Le produit net des amendes et confiscations recouvrées en matière de contributions indirectes, tel qu'il est défini à l'article 2 du décret du 22 avril 1898, sera attribué comme suit :

1° Vingt-cinq pour cent (25 p. 100) au Trésor ;

2° Vingt-cinq pour cent (25 p. 100) aux pensions civiles.

3° Cinquante pour cent (50 p. 100) au fonds commun.

Art. 21. — En cas d'expédition inapplicable, mais lorsque l'identité d'un chargement n'est pas contestée, la saisie sera limitée aux fûts sur lesquels des différences auront été constatées.

Art. 22. — Si le tribunal juge la saisie mal fondée, il pourra condamner la régie, non seulement aux frais du procès et à ceux de fourrière, le cas échéant, mais encore à une indemnité représentant le préjudice que la saisie indûment pratiquée a pu causer.

Art. 23. — Le deuxième paragraphe de l'article 19 de la loi du 29 mars 1897 est modifié ainsi qu'il suit :

« En matière de contributions indirectes et par application de l'article 453 du Code pénal, si les circonstances paraissent atténuantes, les tribunaux sont autorisés, lorsque la bonne foi du contrevenant sera dûment établie, à modérer le montant des amendes et à libérer le contrevenant de la confiscation, sauf pour les objets prohibés, par le payement d'une somme que le tribunal arbitrera et qui ne pourra en aucun cas être inférieure au montant des droits fraudés. »

Cette disposition cessera d'être applicable en cas de récidive dans le délai d'un an.

Le troisième paragraphe du même article 19 de ladite loi de 1897 ainsi que le deuxième paragraphe de l'article 34 de la loi du 25 février 1901 sont et demeurent abrogés.

Art. 24. — En cas de condamnation pour infractions aux lois et règlements régissant les contributions indirectes, si l'inculpé n'a jamais été l'objet d'un procès-verbal suivi de condamnation ou de transaction pour une infraction punie par la loi d'une amende supérieure à six cents francs (600 fr.), les tribunaux pourront, dans les conditions établies par la loi du 26 mars 1891, décider qu'il sera sursis à l'exécution de la peine.

Art. 25. — Les titres de mouvement sur papier blanc, visés par l'article 23 de la loi du 31 mars 1903 (1) et s'appliquant aux eaux-de-vie et alcools naturels, pourront, sur la demande des expéditeurs et aux conditions fixées par l'administration, mentionner le lieu d'origine des matières premières.

Art. 26. — Aucun spiritueux ne pourra être exposé, colporté ni vendu sans que les fûts, caisses, bouteilles qui le contiennent portent sur une étiquette très apparente la mention du titre de mouvement qui a accompagné la marchandise, concernant les substances avec lesquelles l'alcool que contient le spiritueux a été fabriqué.

Art. 27. — L'article 32 du décret du 1er germinal an XIII est abrogé. L'article 203 du Code d'instruction criminelle est applicable à la procédure d'appel en matière de contributions indirectes.

Art. 28. — L'article 4 de la loi du 29 décembre 1900 (2) est complété ainsi qu'il suit :

---

1. — Voir *Législation des Bouilleurs de cru* (broch. in-8, prix : 0 fr. 50 à notre librairie).

2. — Voir page 6.

« En cas de retard, le destinataire est solidaire-
ment avec l'expéditeur passible du double droit. »

La présente loi, délibérée et adoptée par le Sénat
et par la Chambre des députés, sera exécutée comme
loi de l'Etat.

Fait à la Bégude-de-Mazenc, le 6 Août 1905.

Signé : EMILE LOUBET.

Le Ministre des finances,
Signé : P. MERLOU.

TABLE

Pages

28 avril 1816. — Loi de Finances............... 21

6 avril 1897. — Loi (Vins artificiels)........... 20

16 décembre 1897. — Loi (Régime des Alcools). 20

29 décembre 1900. — Loi (Régime des Boissons).. 1

28 janvier 1903. — Loi (Sucrage) 14

18 juillet 1904. — Loi (Fraudes sur les Vins ... 19

6 août 1905. — Loi (Fraudes sur les Vins)...... 14

Code Pénal, Art. 373............................. 23

Publication des LOIS et DÉCRETS

LIBRAIRIE CHEVALIER ET RIVIÈRE

30, Rue Jacob, PARIS (VIᵉ)

Niort. — Imp. Th. Martin.

Accidents du Travail. — Loi du 9 avril 1898, modifiée par les lois du 22 mars 1902 et du 31 mars 1905. Décrets d'administration publique. Loi du 30 juin 1899, concernant les accidents agricoles, 1 brochure in-8 de 36 pages.............. » fr. **50**

Bouilleurs de cru. — Lois des 31 mars 1903, 22 avril 1905, 27 février et 17 avril 1906. Arrêté ministériel du 2 avril 1903 et décrets du 19 août 1903, 1 brochure in-8 de 22 pages. » fr. **50**

Brevets d'invention. — Loi du 3 mai 1841, modifiée par celles du 31 mai 1856 et du 7 avril 1902 et arrêté ministériel du 11 août 1903. 1 brochure in-8 de 24 pages .... « fr. **50**

Bureaux de placement. — Loi du 14 mars 1904, relative au placement des ouvriers et employés des deux sexes et de toutes professions, 1 brochure in-8.................: .... » fr. **50**

Caisse de secours contre le Chômage. — Décret du 9 septembre 1905 précédé d'un rapport du Ministre du Commerce et du Ministre des Finances, 1 brochure in-8.............. » fr. **50**

Contrat d'association. — Loi du 1er juillet 1901, modifiée par celles des 4 décembre 1902 et 17 juillet 1903, suivie des décrets des 16 août 1902, 28 novembre 1902, 14 février 1905, et circulaire ministérielle, 1 brochure in-8 de 46 pages .... » fr **50**

Distributions d'énergie électrique. — Loi du 15 juin 1906, suivie de celle du 25 juin 1895, brochure in-8 .... » fr. **50**

Fraude et Falsifications dans la vente des Marchandises et des Denrées alimentaires et des Produits agricoles. — Loi du 1er août 1905, décret du 31 juillet 1906 et arrêté du 1er août 1906, 1 brochure in-8 ....•........ » fr. **75**

Hygiène du Travail. — Lois des 12 juin 1893 et 11 juillet 1903 et Décrets des 29 novembre 1904 et 6 août 1905, suivis des Décrets sur l'emploi de la céruse, couchage du personnel. ateliers de blanchissage, 1 brochure in-8 de 30 pages.......... » fr. **50**

Justices de Paix. — Lois des 12 et 13 juillet 1905, 1 brochure in-8.................................. » fr. **50**

Recrutement de l'armée. — Loi du 21 mars 1905, réduisant à deux ans la durée du service militaire. 1 brochure in-8 de 68 pages .... » fr. **50**

Repos hebdomadaire. — Loi du 13 juillet 1906, 1 br. in-8. » fr. **50**

Séparation des Eglises et de l'Etat. — Loi du 9 décembre 1905 complétée des lois antérieures visées par la présente, 1 brochure in-8................................. » fr. **50**

Sociétés d'assurances sur la vie. — Loi du 17 mars 1905 et décrets des 20 janvier, 12 mai, 9, 22, 25 juin 1906, relatifs à la surveillance et au contrôle, 1 brochure in-8......... » fr. **75**

Sociétés de secours mutuels. — Loi du 1er avril 1898, modifiée et complétée par celles des 31 mars 1903 et 2 juillet 1904, suivie du décret du 25 mars 1901, 1 brochure in-8.......... » fr. **50**

Syndicats professionnels. — Loi du 21 mars 1884, circulaire ministérielle du 25 août 1884, 1 brochure in-8............ **1 fr.**